ÉTUDES DE POLITIQUE SCIENTIFIQUE

DE LA SUPPRESSION DES DÉLITS DE VAGABONDAGE ET DE MENDICITÉ

PAR

A. REGNARD

> L'oisiveté peut être un vice : elle n'est pas un délit. — FAUSTIN HÉLIE.
>
> Que ces deux états de vagabondage et la mendicité ne soient pas en eux-mêmes des délits, qu'ils ne portent pas directement atteinte aux droits ou à la liberté d'autrui, c'est un point qui ne peut faire de doute. — GARRAUD.

PRIX : 2 FRANCS

PARIS
LIBRAIRIE DE LA SOCIÉTÉ DU RECUEIL GÉNÉRAL DES LOIS ET DES ARRÊTS
ET DU JOURNAL DU PALAIS
Ancienne Maison L. LAROSE & FORCEL
22, rue Soufflot, 22
L. LAROSE, Directeur de la Librairie

1898

DE LA SUPPRESSION
DES
DÉLITS DE VAGABONDAGE
ET DE MENDICITÉ

OUVRAGES D'ALBERT REGNARD

L'Athéisme, in-18. Londres, an 86-1878.

Aryens et Sémites, **le bilan du Judaïsme et du Christianisme**. Paris, Dentu. Tome Ier. 1 vol. in-18. 1890. — Le tome II pour paraître prochainement.

Le Calendrier de l'Ère révolutionnaire et sociale, avec les noms des héros de l'humanité, disposés d'une façon systématique, suivi de la Bibliothèque matérialiste et socialiste. 1 vol. in-8°. Paris, 1er vendémiaire 101.

Essais d'Histoire et de Critique scientifiques, 1 vol. in-18. Paris, 1865.

Nouvelles Recherches sur la Congestion cérébrale, in-8°. Paris, 1868.

Force et Matière, par le professeur L. Büchner, 17e édition allemande, entièrement refondue et augmentée de cinq nouveaux chapitres, traduite par A. Regnard. 1 vol. in-8°, XLVI-540 pages, Paris, Reinwald, 1894.

ÉTUDES DE POLITIQUE SCIENTIFIQUE

L'État, ses origines, sa nature et son but, 1 vol. in-8°. Paris, an 93-1885.

Du Droit à l'assistance, **ou dans quelle mesure l'assistance publique doit-elle être obligatoire**, brochure in-8°. Paris, 1889.

De la Mortalité dans les Hôpitaux de province et de la nécessité d'une réforme radicale de l'Assistance publique, brochure in-8°. Paris, 1886.

Chaumette et la Commune de 93, brochure in-8°. Paris, an 98-1889.

Histoire de l'Angleterre contemporaine. 1 vol. in-32. Alcan, 1882.

ÉTUDES D'ESTHÉTIQUE SCIENTIFIQUE

La Renaissance du drame lyrique (1600-1876). Essai de dramaturgie musicale. 1 vol. in-18. Paris, Fischbacher, 1895.

SOUS PRESSE :

Génie et Folie, Réfutation d'un Paradoxe.

Paris. — L. Maretheux, imprimeur, 1, rue Cassette. — 12400.

ÉTUDES DE POLITIQUE SCIENTIFIQUE

DE LA SUPPRESSION

DES

DÉLITS DE VAGABONDAGE

ET DE MENDICITÉ

PAR

A. REGNARD

L'oisiveté peut être un vice : elle n'est pas un délit. FAUSTIN HÉLIE.

Que ces deux états (le vagabondage et la mendicité) ne soient pas en eux-mêmes des délits, qu'ils ne portent pas directement atteinte aux droits ou à la liberté d'autrui, c'est un point qui ne peut faire de doute. GARRAUD.

PRIX : 2 FRANCS

PARIS
LIBRAIRIE DE LA SOCIÉTÉ DU RECUEIL GÉNÉRAL DES LOIS ET DES ARRÊTS
ET DU JOURNAL DU PALAIS
Ancienne Maison L. LAROSE & FORCEL
22, rue Soufflot, 22
L. LAROSE, Directeur de la Librairie

1898

DE LA SUPPRESSION

DES

DÉLITS DE VAGABONDAGE

ET DE MENDICITÉ

Le 5 juillet 1808, le grand Napoléon, qui n'avait pas encore connu d'obstacles, imagina de supprimer la mendicité. Cet Annibal corse se dit tout d'un coup qu'il allait bâcler d'un trait de plume ce que n'avaient pu réaliser des siècles de pilori, de gibet et d'hôpitaux généraux. Voici ce qu'on lit dans l'exposé de la situation de l'Empire, fait par le ministre de l'Intérieur, comte Crétet, devant le Corps législatif, à l'ouverture de la session de 1808-1809 : « De grandes et importantes mesures ont été prises pour la répression de la mendicité. Chaque département aura dans son sein un dépôt où les indigents trouveront un asile, la subsistance et de l'ouvrage; établissements paternels où la bienfaisance tempérera la contrainte par la douceur, maintiendra la discipline par l'affection, et ramènera au travail en réveillant le sentiment d'une honte salutaire. Ces institutions recevront leur exécution dans un court délai. Pour prix de ses efforts, le gouvernement a la confiance que, *dans quelques années*, la France offrira la solution si inutilement cherchée jusqu'ici du problème de l'extinction de la mendicité dans un grand État. »

Sans doute, la catastrophe de 1815 interrompit l'expérience. Mais celle des siècles aurait dû suffire pour démontrer que « quelques années » de fonctionnement d'une institution, d'ailleurs nullement nouvelle, ne pourraient modifier la situation. La vérité est que, sur cette question, comme sur tant d'autres, le grand homme ne voyait pas plus loin que le bout de son nez.

Malheureusement, cette ridicule fanfaronnade sert encore aujourd'hui de prétexte et d'excuse à un tas d'hommes, aussi bien intentionnés que mal éclairés, qui vous parlent à tout propos « d'éteindre la mendicité », comme s'il n'y avait qu'à souffler dessus. Ils ne connaissent pas mieux que Bonaparte l'évolution lamentable d'une législation qu'ils s'efforcent de perpétuer avec la même confiance aveugle, et d'autant moins justifiée aujourd'hui. C'est pourquoi il m'a paru bon de rappeler les faits principaux, et de faire ressortir, en regard des énormes efforts de la répression, la pauvreté des résultats obtenus : travail dont se dégage, comme inévitable conclusion, la nécessité d'une réforme complète à opérer dans le traitement de cette maladie sociale.

I

Il semblerait que l'histoire du vagabondage et de la mendicité — qui est trop souvent celle de la fainéantise — ne dût avoir rien de commun avec l'histoire du travail; par quoi j'entends le travail manuel, exécuté par des hommes libres, mais contraints de se mettre, moyennant salaire, au service d'un maître ou patron.

Dans la réalité, par malheur, les deux évolutions se confondent souvent. Il est trop vrai :

Οὐκοῦν δήπου τῆς πτωχείας πενίαν φαμεν εἶναι ἀδελφήν [1]

« La pauvreté et la mendicité sont sœurs. » Car, c'est bien là le sens [2]; si la veulerie, la fainéantise mènent à la mendicité, celle-ci a trop souvent pour cause la misère, occasionnée par le manque de travail.

J'ai cité cet ennemi du peuple, le poète Aristophane, uniquement pour la position de la question; je ne parlerai pas autrement ici des temps anciens, m'étant suffisamment expliqué, à cet égard, dans une précédente étude, au cours de laquelle j'ai montré que chez les Athéniens et les Romains, la pauvreté avait été soulagée comme elle ne l'a jamais été depuis [3].

J'arrive de suite à la législation postérieure à l'introduction du Christianisme; dès le début, vous voyez le mendiant surveillé, traqué comme il ne l'avait pas été encore. « La novelle de Justinien, dit M. Granier, est en quelque sorte la source de la législation sur la matière [4]. » En effet, la novelle en question [5] traite de l'institution d'une nouvelle classe de magistrats, *quæsitores*, sorte d'inspecteurs de police chargés de surveiller les nouveaux venus dans la capitale, quels qu'ils soient, hommes ou femmes, clercs ou moines ou moinesses, « et *percontari qui sint aut inde venerunt et in qua occasione* », comme qui dirait, — de leur demander

1. Aristophane, *Plutus*, v. 549.

2. Cf. Granier, *Essai de bibliographie charitable*, p. 29. Paris, Guillaumin, 1891. J'aurai à citer plus d'une fois cet indispensable volume.

3. *Du droit à l'assistance*, ou *L'assistance doit-elle être obligatoire?* in *Comptes rendus du Congrès international d'assistance* (1889).

4. *Loc. cit.*, p. 31.

5. Nov. LXXX. *De quæsitore.*

leurs papiers. Et s'ils ne sont venus que pour mendier, qu'on les examine, « *corporum eorum statum qualis quis est suspicere* » ; et dans le cas où on les reconnaît valides, qu'on expédie ceux qui sont esclaves à leurs maîtres, et les hommes libres dans leur province. Quant aux mendiants nés dans la ville, « *nos non frustra esse terræ onus permittere* » ; mais, qu'on les envoie chez les entrepreneurs de travaux publics, chez ceux qui font le pain ou qui cultivent les jardins, « *simul autem laborare, simul autem ali* ». L'assistance par le travail! avec aussi l'espoir de voir les gens revenir à de meilleurs sentiments, « *et segnem ita ad meliorem mutare vitam* ». Comme on le voit, c'est assez complet et tout à fait « moderne ».

Pourtant, il y a quelque chose de plus dans les ordonnances de « nos rois ». Il n'y est plus question seulement de la mendicité (πτωχεία); c'est la pauvreté (πενία) qu'on suspecte à son tour, ainsi qu'il apparaît par la réglementation à laquelle on soumet le travail. La fameuse ordonnance de Jean le Bon (1350), qui traite non seulement des pauvres, mais de la police, de la voirie, etc., etc., mérite de nous arrêter un instant. Le préambule est consacré aux mendiants : « Pour ce que plusieurs personnes, tant hommes que femmes, se tiennent oiseux parmi la ville de Paris et ès autres villes de la prévosté et vicomté d'icelle, et ne veulent exposer leurs corps à faire aucunes besognes, ains truandent les aucuns, et les autres se tiennent en tavernes et en bordeaux », etc. ; — il leur est enjoint de vider la ville de Paris « et les autres villes de ladite prévosté et vicomté, dedans trois jours après ce cry », sinon, la prison, puis le pilori et le bannissement.

Mais, voici du nouveau. En même temps qu'il force les gens à vider les lieux ou à travailler, Jean le Bon détermine le maximum des salaires. Tous les corps de métiers y passent, y compris « les nourrisses nourrissans enfans hors de la maison du père et de la mère ». Il vaut la peine de citer quelques exemples :

« Titre 25. Du salaire des boscherons et des ouvriers ès bois. — (177). Toutes manières de boscherons et ouvriers ès bois, saussayes et aunois quelconques, ne pourront prendre et avoir pour leur labeurs et journées que le tiers plus outre ce qu'on en vouloit donner avant la mortalité, tant en tasche comme en journée et non plus. »

En cas de contravention, « le preneur et le donneur » étaient mis à l'amende. La « mortalité » désigne ici la peste noire de 1348, qui avait décimé la population. La main-d'œuvre avait naturellement augmenté avec la diminution du nombre de bras, et si les survivants voulaient profiter de l'aubaine, ce n'était que justice. Mais le système du *laissez faire* étant pour une fois — et grâce à la peste — favorable aux ouvriers, l'autorité se hâtait d'intervenir pour limiter la hausse naturelle des salaires; je signale le fait aux économistes orthodoxes qui, je le crains, n'auront garde de s'indigner, réservant leurs foudres pour ceux qui réclament la fixation, nécessaire dans l'immense majorité des cas, d'un taux *minimum* au-dessous duquel le salaire ne pourrait être abaissé.

Pour les autres métiers, l'ordonnance précise davantage. Ainsi, les maçons et les couvreurs (titre 38; 200) ne pouvaient prendre, de la Saint-Martin jusqu'à Pâques, que 26 deniers par journée et leurs aides que 16 deniers [1]. « Et semblablement les tailleurs de pierre et charpentiers, et leurs aides non plus. »

1. On sait combien il est difficile de se rendre compte de la

C'est exactement à la même époque et dans les mêmes conditions, — après la peste, — que fut inaugurée, en Angleterre, la législation directe du travail, en rapport aussi avec les prescriptions contre l'oisiveté. Un statut datant de la vingt-cinquième année du règne d'Édouard III, applicable, surtout, aux laboureurs (*ploughmen*) et autres journaliers, posait la question avec plus de précision encore que l'ordonnance précédente. « Tout homme et toute femme de notre royaume d'Angleterre, était-il dit, de quelque condition qu'il soit, libre ou non libre, sain de corps, ne servant aucun maître, n'ayant pas de métier et n'exerçant aucun commerce, *sera tenu de servir et de travailler moyennant le salaire qu'on avait coutume de donner dans la vingtième année de ce règne*, ou cinq ou six ans auparavant[1] ». En cas de refus, l'individu était mis en prison.

Sous Henry VIII, en vertu d'une loi promulguée en 1530, tout individu valide trouvé mendiant et vagabondant, pouvait être arrêté et envoyé à la ville voisine, où on le fouettait par les rues jusqu'à ce que son corps ne fût plus qu'une plaie. On lui faisait alors jurer de

valeur relative de l'argent suivant les temps et les lieux. La difficulté devient presque insurmontable lorsqu'il s'agit du moyen âge, époque à laquelle les rois, en se faisant trop souvent faux monnayeurs, occasionnaient d'incessantes perturbations dans la valeur des monnaies. Pourtant, il parait bien certain qu'au temps de Jean le Bon, les denrées de première nécessité n'étant pas plus chères qu'elles ne le sont actuellement pour nous, le taux des salaires était relativement plus élevé qu'aujourd'hui. (Cf. Ch. Louandre : *Du travail et des classes laborieuses dans l'ancienne France*, in *Revue des Deux Mondes*, 1er décembre 1850. Voyez aussi le savant travail du vicomte G. d'Avenel : *Histoire économique de la propriété, des salaires, des denrées et de tous les prix en général, depuis l'an* 1200 *jusqu'à l'an* 1800. Mémoires de l'Institut, Paris, 1894.)

1. Voyez l'excellent article *Labour*, par J.-E. Davis, in *Encyclop. Britann.*, 9e édit., t. XIV, London, 1882.

retourner dans son comté et de se mettre au travail — « *as a true man ought to do* » — « comme tout homme honnête doit le faire ».

Cinq ans plus tard, il fut décrété, dans le même pays, que les vagabonds et mendiants valides qui persisteraient à ne pas travailler, quoique fouettés, auraient l'oreille coupée. En cas de récidive, ils pouvaient être jugés et pendus.

Mais nous avons mieux. Il y a la précieuse loi promulguée la première année du règne d'Édouard VI. La loi! disons mieux, la Loi et les Prophètes! car nous avons, ici, bien mieux que dans la novelle de Justinien, l'essence et la quintessence, la forme et la matière, non seulement de toute la législation ultérieure, mais de tous les exposés de motifs, commentaires, considérants, considérations morales, ou soi-disant telles, dont on l'assaisonne encore aujourd'hui.

La voici dans toute sa nudité :

« Attendu que l'oisiveté et le vagabondage sont « la mère et la racine »[1] de tous larcins, voleries et autres méfaits, et que la multitude des gens qui s'y abandonnent est très grande dans ce Royaume, et plus grande, à ce qu'il paraît, que dans d'autres pays, au grand préjudice de ce Royaume et des sujets de son Altesse le Roi; « laquelle oisiveté et vagabondage », les nobles ancêtres de son Altesse le Roi, les rois de ce Royaume et cette haute Cour du Parlement ont, avec grand travail, et à l'aide de ces lois et statuts, tenté de réprimer, sans que, pourtant jusqu'à ce jour, ils aient obtenu le succès qu'on désirait; mais en partie, par la sotte pitié et « merci » de ceux qui devaient veiller à l'exécution de ces lois, en partie, grâce à la nature perverse et

1. *Idleness and Vagabundage is the mother and roote*, etc.

à l'oisiveté habituelle et de longue date des individus adonnés à la flânerie, lesdits statuts n'ont eu que peu d'effet; et les oisifs et vagabonds, comme membres inutiles à la chose publique, et plutôt ses ennemis, ont été laissés libres de subsister et de multiplier; et encore que si on leur infligeait la mort, le fouet, l'emprisonnement ou quelque autre châtiment corporel, ils seraient servis selon leurs mérites, en vue de l'exemple à donner aux autres et pour le plus grand bien de la chose publique, pourtant si on pouvait parvenir à les rendre utiles, à les faire servir à quelque chose, on aurait obtenu un résultat très désirable[1]..... » Le statut concluait à ce que toute personne répondant à la précédente description, c'est-à-dire de fait, toute personne de basse condition et *oisive* fût, après jugement, marquée et adjugée, pour deux ans, comme esclave. Le maître pouvait nourrir le misérable uniquement de pain et d'eau, et le contraindre au travail en le battant, le chargeant de chaînes ou par tout autre moyen. En cas de tentative de fuite, le juge faisait marquer l'esclave au front et l'adjugeait à son maître pour la vie. S'il essayait une autre fois de s'échapper, il était pendu.

Les enfants de vagabonds, entre cinq et quatorze ans, pouvaient être adjugés comme domestiques ou apprentis, jusqu'à l'âge de vingt-quatre ans pour les garçons, de vingt ans pour les filles. Ceux qui tentaient de s'enfuir devenaient esclaves pour la vie.

Le maître avait le droit de faire river un anneau de fer au cou, au bras ou à la jambe de son esclave; que si celui-ci résistait aux châtiments, on pouvait l'exécuter

1. Act I Edward VI, c. III (1547). Voy. Ribton-Turner, *A History of Vagrants and Vagrancy, and Beggars and Begging*, p. 89, London, 1887.

comme félon. L'esclave pouvait être vendus ou légué par testament comme toute autre propriété.

« Ce statut fut abrogé, trois ans plus tard, dit M. J. S. Davis, mais il demeure sur les registres officiels et rien n'en peut effacer le texte, pas plus que la honte, juste conséquence pour le Parlement qui put tolérer cela un seul jour[1]. »

M. Davis s'indigne trop vite; sans doute, il peut paraître dur, à certaines personnes, de constater, en plein XVIe siècle, combien peu la douce religion qui nous vient des juifs avait aboli l'esclavage. Mais, à part la pendaison, qui n'est plus de notre temps (sans cela!...), je ne vois rien dans ce statut qui soit en contradiction avec les données de la jurisprudence la plus moderne.

— Pourtant, objectera-t-on, l'esclavage?

Voyons, entre nous, qu'est-ce donc que ces *Arbeits-haüser* ces maisons de travail, ces Merxplas[2] et autres, où l'on fourre, pour des sept ans, sans condamnation proprement dite, de simples fainéants, inutiles et misérables, sans doute, mais enfin plus durement châtiés que la plupart des voleurs et que tous les escrocs? Grâce à la Révolution, et non au Christianisme, l'esclavage ne subsiste plus aujourd'hui, en Europe, que pour les prisonniers; et vous avez beau les dénommer « reclus » au lieu de « détenus », les internés de vos maisons de travail sont bel et bien des prisonniers, par conséquent des esclaves.

Hâtons-nous d'ajouter que, cette fois encore, on ne trouva personne pour appliquer ce fameux statut, qui fut abrogé trois ans après.

1. Davis, *loc. cit.*, p. 168.

2. Espèce de bagne pour l'internement des vagabonds, en Belgique (voy. plus loin, p. 43).

II

Chez nous, François Ier, après avoir institué le supplice de la roue pour les voleurs de grands chemins, y compris les vagabonds (1534), dut aussi, quelques années après, prescrire des mesures moins féroces. En vertu de la déclaration de 1545[1], les mendiants valides furent appréhendés, et employés « ès œuvres les plus nécessaires de la ville de Paris..... lesdits valides devant être contraints à faire leur devoir par diminution de leur salaire, emprisonnement ou enchaînement de leur personne ».

Mais c'est à Louis XIV que l'on doit la généralisation en France du système d'Édouard VI, la condamnation en bloc, au travail forcé, du plus grand nombre possible de mendiants et d'oisifs. Car les hôpitaux généraux n'étaient pas autre chose que l'institution désignée plus tard sous le nom plus franc et mieux approprié de « dépôts de mendicité ». Celui de Paris fut créé par un édit du 27 avril 1656. C'était, en réalité, un ensemble d'établissements, ralliés à un bureau central, et comprenant la maison de Saint-Denis, dite la Salpêtrière; celle de Saint-Jean-Baptiste, ou Bicêtre; la maison de Scipion, la Savonnerie de Chaillot et la maison de Notre-Dame de la Pitié. Celle-ci, fondée en 1612, avait déjà fonctionné comme « prison des pauvres[2] », mais

1. Sous le même règne, et dès 1516, un arrêt du Parlement prescrivait d'enfermer « les marraux et vaccabons et les mettre en besongne de par la ville ». Voyez pour plus de détails, l'intéressante étude de M. Gaufrès : *l'Assistance par le travail sous l'ancien régime*, in bulletins de la *Société internationale d'assistance*.

2. Monnier. *Histoire de l'Assistance publique dans les temps anciens et modernes*, p. 344, sq. Paris, 1866.

sans succès. Louis XIV, avant Napoléon, se dit qu'il ferait mieux que ses prédécesseurs. Ainsi, rapporte l'orthodoxe historien Monnier, l'Hôpital général devint surtout une maison de force où « les pauvres mendiants et invalides des deux sexes devaient être employés aux manufactures et autres travaux, selon leur pouvoir. » Cinquante-deux ouvriers étaient désignés par les corporations pour venir y enseigner leur état[1].

Et non seulement il était défendu de mendier, même aux infirmes et aux malades, mais il était interdit de donner. Il ne manque pas aujourd'hui de gens pour vous déclarer que, si l'on ne donnait rien aux pauvres, la mendicité aurait bientôt disparu, et pour regretter qu'on ne puisse point, par une loi, interdire l'aumône ; voici de quoi leur mettre l'esprit en repos.

Jean, dit le Bon, déjà nommé, avait bien recommandé dans sa fameuse ordonnance, qu'on ne fît l'aumône « à tels truands, sains de corp et de membres ». Il s'était borné à un simple avis. Le grand roi n'y va pas par quatre chemins. Par l'article 17 de son édit, il interdisait « à toutes personnes, de quelque condition qu'elles fussent, de donner l'aumône manuellement aux mendians dans les rues et autres lieux publics, *nonobstant tout motif de compassion, nécessité pressante ou autre prétexte*, sous peine de quatre livres parisis d'amende. » Défense était faite aux propriétaires et aux locataires de donner aide aux vagabonds, sous peine de cent livres d'amende, pour la première fois, etc.

Ainsi, c'est au sortir de la Fronde, dans le temps où Paris applaudissait les vers et les héros cornéliens, c'est dans ce moment-là qu'on voulait faire des Parisiens un peuple de mouchards, et pour moucharder

1. *Ibid*, p. 347.

quoi? la mendicité, des gueux, des estropiés, des misérables, à loger dans cet Hôpital général, qui n'était à proprement parler, qu'un ensemble de maisons centrales.

Le résultat ne se fit pas attendre. En 1659, il y eut à Paris huit émeutes à main armée, et plus d'une fois le peuple parvint à arracher les pauvres des mains des archers. Naturellement, on objectera que ces émeutes étaient le fait de la « canaille », des vagabonds et des mendiants eux-mêmes. Pas du tout! Écoutez encore Monnier : « Le Parlement souffrait avec impatience ces rébellions *qu'il hésitait à punir;* mais, pour ne pas manquer ouvertement ni à la loi ni à l'opinion, il se bornait à de vaines doléances, et ne se lassait pas de redire « que les archers préposez pour la capture des pauvres qui mendiaient non seulement n'étaient point secourus et protégez dans leurs fonctions, mais mesme y étoient troublez par les fréquentes rébellions qui leur étoient faites *par des personnes de toutes qualitez*[1] ».

Joli résultat! et qui n'empêchait pas Louis de déclamer dans son *Instruction pour le Dauphin*[2] : « Que si Dieu me fait la grâce d'exécuter tout ce que j'ai dans l'esprit, je tâcherai de porter la félicité de mon règne jusqu'à faire en sorte, non pas à la vérité qu'il n'y ait plus ni pauvre ni riche... mais au moins qu'on ne voie plus dans tout le royaume ni indigence, ni mendicité; je veux dire personne, quelque misérable qu'elle puisse être, qui ne soit assurée de sa subsistance, ou par son travail ou par un secours ordinaire et réglé. »

Pur fracas de mots, rhétorique de grosse caisse destinée à faire prendre le change et à rejeter toute respon-

1. *Ibid.*, p. 350.
2. In *Œuvres de Louis XIV*, t. I, p. 153-154.

sabilité dans les horribles calamités de ce temps-là. Car ce n'est pas seulement après Malplaquet ou après Ryswick, alors que, selon Vauban, le dixième de la population était réduit à la mendicité[1], c'est d'un bout à l'autre de ce grand siècle qu'on voit s'étaler, à côté du luxe le plus ruineux, la ruine et l'atroce misère du plus grand nombre.

« Il n'y a rien de plus véritable, lit-on dans un écrit du temps, que dans le Blaisois, la Sologne, le Vendômois, le Perche, le Chartrain, le Maine, la Touraine, le Berry, partie de la Champagne et autres lieux où le bled et l'argent manquent, il y a plus de trente mille pauvres dans la dernière extrémité et dont la plus grande partie meurt de faim... Plusieurs femmes et enfans ont été trouvez morts sur les chemins et dans les bleds, la bouche pleine d'herbe. M. de Saint-Denis, qui est seigneur d'une des grandes paroisses du Blaisois, assure que plus de huict vingts de sa paroisse sont morts

1. Vauban. *La dîme royale*, in préface. Il m'a paru intéressant de citer le passage si nettement accusateur : « Par toutes les recherches que j'ai pu faire, depuis plusieurs années que je m'y applique, j'ai fort bien remarqué que, dans ces derniers temps, près de la dixième partie du peuple est réduite à la mendicité, et mendie effectivement; que des neuf autres parties, il n'y en a cinq qui ne sont pas en état de faire l'aumône à celle-là, parce qu'eux-mêmes sont réduits, à très peu de chose près, à cette malheureuse condition; que des quatre autres parties qui restent les trois sont fort malaisées et embarrassées de dettes et de procès; et que, dans la dixième, où je mets tous les gens d'épée, de robe, ecclésiastiques et laïques, toute la noblesse haute, la noblesse distinguée, et les gens en charge militaire et civile, les bons marchands, les bourgeois rentés et les plus accommodés, on ne peut pas compter sur cent mille familles; et je ne croirais pas mentir quand je dirais qu'il n'y en a pas dix mille, petites ou grandes, qu'on puisse dire être fort à leur aise; et qui en ôterait les gens d'affaires, leurs alliés et adhérents couverts et découverts, et ceux que le roi soutient par ses bienfaits, quelques marchands, etc., je m'assure que le reste serait en petit nombre. »

manque de nourriture et qu'il en reste cinq à six cents dans le mesme danger. Ils sont, dit-il, réduits à pasturer l'herbe et les racines de mes prez, tout ainsi que les bestes; ils dévorent les charongnes et si Dieu n'a pitié d'eux, ils se mangeront bientôt les uns les autres[1]. » Voilà où en était, dès 1662, la félicité de son règne!

Dans son dernier édit sur la matière (1712), l'époux vieilli de la veuve Scarron faisait l'aveu de son impuissance. « On voit, disait-il, des pauvres mendier dans les rues, les églises et les places publiques, presque en aussi grand nombre qu'avant l'établissement de l'hôpital. » Cinq ans auparavant, et comme pour mieux marquer le caractère de toutes ces palinodies philanthropiques, il avait fait mettre au pilon le livre dénonciateur de Vauban. Ajoutons que ce fut un crime de profaner ce beau nom d'hôpital, *xenodochion*, maison des hôtes, refuge des misérables et des exténués, et d'en faire le synonyme de prison. De là, plus encore que des misères de l'ancien Hôtel-Dieu, vint l'horreur du peuple pour l'hôpital.

J'aurai complété le tableau succinct de la répression, comprenant jusqu'ici le fouet, le pilori, l'esclavage et la mort, quand j'aurai dit un mot de la relégation, appliquée sous la Régence. Comme on avait alors quelques colonies, mais — comme toujours — très peu de colons, on n'imagina rien de mieux que d'y déporter un certain nombre de filles et de vagabonds, arrachés à l'Hôpital général, et de les y déposer pêle-mêle, en leur disant comme le Dieu de la Bible : « Croissez et multipliez! » Pour obtenir un rendement sérieux, une population nombreuse et saine, et morale, et travail-

1. Bibliothèque de l'Arsenal. Pièces imprimées, jurisprudence, nº 1675 *bis*, cité par Monnier, *loc. cit.*, p. 360.

leuse, c'était un fameux moyen ! Heureusement, — heureusement pour tout le monde, pour les colonies, les filles et les vagabonds, — les colons se plaignirent de cette concurrence macabre, de cette « plantation », qui ne pouvait que ruiner celles de la canne à sucre et du café. Le système ne régna que quelques années[1], juste le temps nécessaire pour fournir le dénouement, la mort de Manon, dans l'inimitable chef-d'œuvre de l'abbé Prévost.

III

Je laisse de côté la tentative de la Révolution, voulant me borner aux faits, aux mesures réalisées, dont il importe de constater l'inefficacité. On ne l'a pas assez remarqué ; mais la situation résultant, chez nous, de l'aliénation des biens du clergé, était exactement la même que celle où se trouva l'Angleterre au milieu du XVIe siècle, après l'expropriation du clergé par Henri VIII. Nos voisins n'hésitèrent pas à proclamer le principe de l'assistance obligatoire, qui devint la loi de l'Etat vers la fin du règne d'Elisabeth (*Poor Law* de 1601). En 1790, il n'y avait pas d'autre décision à prendre. C'est ce qui fut très bien aperçu par le comité assez sottement appelé « Comité pour l'extinction de la mendicité[2] », et par son distingué rapporteur. « L'assistance de la classe infortunée est une charge publique, déclare le duc de Larochefoucault-Liancourt, comme le paiement des fonctionnaires publics, comme

1. Surtout de 1719 à 1721. Cf. Michelet, *Histoire de France*, tome XV (*La Régence*), ch. XII et XV.

2. Cf. Dr Robinet. Le *Mouvement religieux à Paris pendant la Révolution*, tome I, p. 221. Paris, 1896.

toute autre charge nationale[1] ». Une somme annuelle de 51 millions devait être demandée à l'Etat pour subvenir aux frais de l'Assistance publique obligatoire. Malheureusement, sur ce point comme sur tant d'autres, la Révolution, mutilée par le déiste Robespierre, achevée par le sabreur Bonaparte, ne put que poser les principes sans les faire passer dans les lois. Les décrets de la Convention sur les secours publics et la mendicité ne figurèrent, pour ainsi dire, que sur le papier.

La parole était désormais à Napoléon qui, laissant de côté la question des 50 millions indispensables, crut tout terminer en faisant revivre tout bonnement les maisons de force soi-disant hospitalières, les dépôts de mendicité de l'ancien régime. Voici les principales dispositions du décret qu'il promulgua, à cet effet, le 5 juillet 1808. Le titre premier portait :

Article premier. — La mendicité sera défendue dans tout le territoire de l'Empire.

Art. 2. — Les mendiants de chaque département seront arrêtés et traduits dans le dépôt de mendicité dudit département, aussitôt que ledit dépôt sera établi et que les formalités ci-après auront été remplies.

Art. 3. — Dans les quinze jours qui suivront l'établissement et l'organisation de chaque dépôt de mendicité, le préfet du département fera connaître, par un avis, que ledit dépôt étant établi et organisé, tous les individus mendiant n'ayant aucun moyen de subsistance sont tenus de s'y rendre.

Cela fut complété deux ans après par cet article du Code pénal, qu'on ne saurait trop recommander à l'attention du lecteur :

Article 274. — Toute personne qui aura été trouvée

1. *Septième rapport du Comité de mendicité.*

mendiant dans un lieu pour lequel il existe un établissement public, organisé afin d'obvier à la mendicité, sera puni de trois à six mois d'emprisonnement, *et sera après l'expiration de sa peine conduite au dépôt de mendicité*.

Je reviendrai sur cette disposition qui, en raison de ses conséquences monstrueuses au point de vue de la liberté individuelle, a sans doute le plus contribué à l'échec du système. Toujours est-il qu'à la suite du décret de Bayonne, un certain nombre de dépôts furent ouverts et commencèrent à fonctionner. On y entassa aussitôt les bancals, manchots et autres estropiés et, en général, les monstres humains de toute espèce. Car si certains artistes mendiants sont passés maîtres dans l'art de simuler toutes ces misères, encore ne font-ils que reproduire l'épouvantable réalité et l'état naturel des confrères plus « heureux », pouvant émouvoir le public avec de bonnes vraies plaies, d'authentiques jambes de bois et des ulcères positivement gangréneux.

On a déploré l'irruption de ces misérables dans les dépôts ainsi détournés de leur but, assure-t-on, transformés partiellement en asiles d'incurables. Mais c'est une erreur, les dépôts étant essentiellement créés pour ces gens-là, aussi bien, mieux encore que pour les indigents valides. L'établissement une fois ouvert, tous les mendiants étaient tenus de s'y rendre. A quel titre aurait-on refusé l'entrée au cul-de-jatte ou au paralytique? Puisqu'on retirait aux gueux leurs moyens d'existence et, véritablement, le pain de la bouche, il fallait bien leur en donner d'autre. Le comte Crétet l'avait proclamé, du reste, au nom de l'empereur : c'étaient là des *établissements paternels*, où la bienfaisance devait « tempérer la contrainte par la douceur

et maintenir la discipline par l'affection[1] ». Ne l'oublions pas : les dépôts étaient et sont encore, *de jure* sinon *de facto*, des établissements de bienfaisance, comme la Cour de cassation a dû le déclarer à plusieurs reprises[2].

L'histoire complète des établissements organisés à la suite du décret de 1808 est encore à faire; la tâche ne sera pas facile, les écrivains les plus autorisés donnant, à cet égard, les renseignements les plus contradictoires[3]. C'est, de plus, une étude tout à fait ingrate, et, surtout, sans importance réelle pour mon argumentation. Il suffit de savoir qu'il se fonda une cinquantaine de dépôts sous le premier Empire; il en restait vingt-deux en 1818, et on en compte une trentaine aujourd'hui, la plupart ne fonctionnant plus comme tels, mais comme asiles pour les vieillards et les incurables.

Il sera beaucoup plus édifiant d'étudier l'évolution d'un de ces établissements; je prendrai comme exemple le dépôt de La Charité, que j'ai quelques raisons de mieux connaître, puisqu'il s'agit de ma ville natale[4].

Créé par lettres patentes de Napoléon, en date du 29 mai 1809, le dépôt de mendicité de la Nièvre fut

1. Voy. Dalloz, *Jurisprudence générale*, art. *Vagabondage et Mendicité*, t. XLIII.

2. Arrêts des 1er juin 1833, 7 décembre 1861, etc.

3. Watteville, d'ordinaire si bien au courant de toutes ces questions, nous parle de soixante-dix-sept dépôts organisés sous l'Empire de 1809 à 1813 (!). Selon lui, en 1816, on n'en comptait plus que cinq, et dix vers 1850 (*Dictionnaire de l'économie politique*, Paris, Guillaumin). — On trouvera les renseignements les plus complets dans Granier, *loc. cit.*, p. 46. — Voyez aussi de Crisenoy, *Questions d'assistance et d'hygiène publique* traitées dans les conseils généraux, années 1895 et 1896.

4. Il existe de plus une très complète monographie, par le Dr S. Garnier, médecin en chef des asiles d'aliénés : *Le dépôt de mendicité, l'hospice départemental et l'asile des aliénés de La Charité*, Nevers, 1889.

installé, à La Charité, dans une ancienne manufacture d'armes ; l'ouverture eut lieu seulement en 1812. Le but, selon le règlement, était, conformément au vœu de l'Empereur, « de maintenir le bon ordre dans la Société et d'extirper de son sein, les vagabonds et les lâches qui en étaient l'opprobe et le fléau ». Ce n'était déjà plus aussi bénin, aussi « paternel » que la formule du comte Crétet : mais, voyons la suite.

Le nombre des places fixées s'élevait à deux cents, pour les deux sexes. Peu de temps après l'ouverture, on y trouvait des filles vénériennes, des gâteux, des indigents, des galeux, des aliénés, des épileptiques et des femmes enceintes. On y reçut aussi des élèves pour apprentissage, et certains travaux durent être exécutés par les indigents les plus valides ; il y avait des ateliers de teinture, de filature de laine, de fabrique d'étoffes grossières[1]. En un mot, comme on le voit, « l'assistance par le travail » n'y chômait pas non plus.

Et tous ces gens-là ne faisaient pas la fête, les travailleurs pas plus que les autres ! On ne mangeait de viande qu'à l'infirmerie, et encore ! On en mettait douze kilogrammes, pour quarante-quatre personnes, dans la marmite ; mais on prélevait, avant la distribution, la ration de l'aide de cuisine, du tailleur, des couturières, des sous-infirmières, de la buandière et de la maîtresse d'école, qu'on n'avait pas le moyen de récompenser autrement[2]. Les valides avaient du pain noir et deux décilitres de légumes. Quant aux aliénés, ils prenaient sur leur ration de pain pour tailler eux-mêmes leur soupe, qu'on trempait à la cuisine. Les agités, les furieux, ou paraissant tels, étaient enfermés dans des

1. Dr Garnier, *loc. cit.*, p. 18.
2. *Ibid.*, p. 17.

cachots, établis primitivement pour les reclus insubordonnés, et, pour plus de sécurité, on leur rivait au cou un carcan de fer.

A la fin de 1815, on comptait au dépôt 76 personnes ; les décès s'étaient élevés au chiffre de 25, les dépenses à 25,903 francs, et on avait 11,708 francs de dettes!

Même situation en 1816. « Les approvisionnements en farine, par le fournisseur, ne se faisaient qu'au jour le jour, de sorte que le 11 novembre de cette année-là il fut impossible de faire distribuer du pain que l'on remplaça par des pommes de terre. Le déficit dans le rendement des grains en farine était tel, et la cherté des grains si grande, que le directeur proposa au préfet l'emploi de la farine de pommes de terre[1] ! ».

C'était un moyen sûr pour vider la maison par le procédé de l'inanition lente, — effet certain de l'alimentation exclusive à l'aide de ce triste tubercule, si mal à propos vanté, encore aujourd'hui, dans les écoles primaires célébrant la gloire de Parmentier[2].

Dans ces conditions, le conseil général de la Nièvre ne fut pas trop mal inspiré en manifestant le désir de changer la destination du dépôt : « Une triste expérience, disait-il dans une délibération de 1823, a fait connaître l'impossibilité de détruire le fléau de la mendicité, qui prend sa source dans la paresse et dans les vices qui en sont la suite. » Dès 1820, du reste, un arrêté préfectoral avait transformé le dépôt en « maison de correction et de refuge », ce qui était simplement donner son vrai nom à l'état de choses existant. En 1829, la maison de correction devint « Hospice départemental », ce qui voulait dire, dans l'espèce, que l'éta-

1. *Loc. cit.*, p. 24.

2. Cf. mon *Histoire contemporaine de l'Angleterre*, à propos de la *Famine d'Irlande*, p. 91-92, Paris, Alcan.

blissement passait sous la direction des sœurs de l'Hôtel-Dieu. Le directeur et les employés étaient supprimés par décision préfectorale. En 1841, l'établissement devint l'asile public d'aliénés de la Nièvre.

On ne saurait attribuer au gouvernement de la Restauration l'échec du dépôt de La Charité ; dès le début même, et sous l'Empire, on a vu sa situation misérable et qui ne devait pas être exceptionnelle. Je me hâte de reconnaître que la Restauration ne favorisa guère le développement de l'institution. Fut-ce, en partie, par zèle religieux, comme on l'a dit ? Sans doute, l'aumône est une des conditions importantes du salut pour le judéo-chrétien, et à ce titre, le mendiant, partie intégrante du système, ne saurait être logiquement supprimé. Mais, en dépit du « trône et de l'autel », les hommes d'État de la Restauration n'étaient pas si bêtes que cela — beaucoup moins que ceux de la monarchie de Juillet, soit dit en passant.

Pourquoi, d'ailleurs, Louis XVIII ou Charles X se seraient-ils montrés hostiles à des établissements dont l'origine réelle datait de l'ancienne monarchie ? Sans doute, dans sa circulaire aux préfets, du 17 mars 1817, le ministre de l'Intérieur, les engageant à soumettre la question aux conseils généraux, qui pouvaient, le cas échéant, en demander la suppression, ajoutait que : « Dans le cas où les assemblées départementales le jugeraient à propos, on pourrait faire des dépôts existants des maisons de correction, si les prisons étaient insuffisantes, ou bien des séminaires, des maisons d'éducation, des casernes ou des hospices. » Mais les « séminaires » arrivaient là comme par surcroît, sans intention précise, et ce n'est pas là-dessus qu'on pourrait se fonder pour attribuer à un motif religieux le peu d'estime où l'on tenait alors les dépôts de mendicité. « La plupart des conseils généraux répondirent à cette circulaire par un vœu de destruction et le firent accueillir. Vingt-quatre dépôts furent supprimés. En 1818, il en restait encore 22 en activité, dont la population avait été réduite à 5.433 mendiants, à cause de la modicité des ressources départementales[1]. »

La vérité est que les départements s'étaient aperçus qu'ils n'en « avaient pas pour leur argent ». Ils voyaient très bien que ces établissements déclassés leur coûtaient très cher et n'éteignaient rien du tout.

La monarchie bâtarde de Louis-Philippe tenta de relever l'institution de 1808, sans savoir pourquoi ; peut-être parce qu'il s'agissait d'une création de Bonaparte, que Béranger et la Colonne avaient remis à la mode. Le 24 février 1840, le ministre de l'Intérieur lança une circulaire tout à fait dépourvue d'enthousiasme, d'ailleurs, afin de provoquer une sorte d'enquête dans les départements : « Les systèmes mis en pratique à diverses époques, pour la répression de la mendicité, disait très sagement le comte Duchâtel, n'ont généralement abouti qu'à démontrer l'impuissance de l'administration, soit qu'ils aient eu pour principe les mesures les plus sévères, soient qu'ils aient été seulement inspirés par la charité. » Cet appel, dépourvu d'entrain, ne resta pourtant pas sans écho. On vit plusieurs préfets, talonnés par les gros fermiers, très mauvais juges de la question, mais constituant le noyau du corps électoral en province, ouvrir des maisons du genre le plus varié, qu'ils qualifiaient de « dépôts », et prendre des arrêtés « portant extinction de la mendicité » dans leur département. Cette formule, décidément baroque, signifiait qu'un dépôt ayant été autorisé, on plaçait, aux

1. Dalloz, *loc. cit.*, p. 6.

carrefours des routes, des écriteaux annonçant que la mendicité était interdite. Et comme ces plaques commémoratives — on en voit encore aujourd'hui — s'étalent dans les endroits les plus fréquentés, c'est souvent au pied des poteaux indicateurs qu'on est accosté par des mendiants que les gendarmes se refusent, d'ordinaire, à arrêter et les juges à condamner.

Le second Empire reprit la tradition du premier, en l'aggravant dans le sens de la dureté. Il s'agissait bien des établissements « paternels » du comte Crétet ! Les dépôts se multiplièrent et devinrent d'infectes prisons, où les mendiants étaient infiniment moins bien traités que dans les maisons les plus *centrales ;* toujours, du reste, avec le même succès.

Il faut dire, à l'honneur de la troisième République, qu'en dépit de certaines objurgations, elle n'a pas plus favorisé que la Restauration, le développement d'une institution sans portée comme sans résultat, et reposant, de plus, sur la violation flagrante de la liberté individuelle. Deux ou trois dépôts, à peine, ont été créés depuis vingt-cinq ans ; un plus grand nombre a disparu, et beaucoup sont devenus, pour le plus grand bien de la collectivité, de simples refuges, des asiles de vieillards et d'infirmes, où l'on ne trouve plus, — comme à Mâcon, à Auxerre, à Lons-le-Saunier, à l'heure ou j'écris — un seul mendiant condamné.

Pourtant, nous n'en sommes pas encore à la réalisation complète du vœu formulé par le maire de Montcenis, à l'assemblée des Etats, tenue à Dijon, en 1787 :

« Mais ce qui mérite toute notre attention, Messieurs, ce sont les maisons de force où l'on chasse l'indigent qui manque de pain, comme le scélérat ; ces dépôts, dont l'entretien enlève, tous les ans, à la province.

des sommes considérables, ressources impuissantes qui, en nous délivrant de quelques mendiants vagabonds, n'en laissent pas moins d'indigents à la charge de nos villes et de nos campagnes. Purgeons nos contrées de ces odieux Bicêtres [1] ! »

IV

Cela prouve, une fois de plus, que, si la marche des choses humaines est soumise à des lois nécessaires, ces lois n'ont nullement pour conséquence la certitude et la continuité du progrès. Voici ce qu'écrivait, il y a peu de temps, un ancien magistrat, cent ans environ après l'anathème lancé par le député aux Etats de Dijon contre les maisons de force appelées dépôts de mendicité :

« On prit alors, contre les mendiants valides, dit M. Homberg, de *nouvelles mesures sagement entendues, et nous nous plaisons à citer la déclaration du roi, du* 18 *juillet* 1724, *comme inspirée par les principes qui devraient toujours nous servir de règle en pareille matière* [2]. »

Or, voici quels étaient ces admirables principes: par l'article 1er de ladite ordonnance, il était enjoint à tous les mendiants valides de prendre un emploi, soit en se mettant en condition pour servir, soit en travaillant à la culture des terres ou à tout autre ouvrage. En vertu de l'article 2, on « permettait, à tous men-

1. Voy. C. Granier, *loc. cit.*, p. 319 (n° 1338).

2. Homberg, conseiller honoraire à la Cour d'appel de Rouen : *Etude sur le vagabondage*, mémoire lu à l'Académie des sciences morales et politiques, p. 41, Paris, 1880.

« diants valides, qui n'auraient pas trouvé d'ouvrage « dans le dernier délai de quinzaine, de s'engager aux « hôpitaux qui, au moyen dudit engagement, seraient « tenus de leur fournir la subsistance et l'entretien. « Ces engagés seront distribués en compagnie de « vingt hommes, chacune sous le commandement « d'un sergent qui les conduira tous les jours à l'ou- « vrage. »

C'étaient les travaux forcés, appliqués par anticipation en attendant les cinq ans de galères, auxquels on condamnait les misérables, coupables de « s'absenter sans congé ». En cas d'une seconde récidive, les femmes valides étaient enfermées pour cinq ans au moins, et pouvaient l'être à perpétuité. L'auteur veut bien reconnaître « qu'avec les idées de notre législation actuelle, cette peine des galères, prononcée pour un seul fait de vagabondage, peut paraître excessive » ; mais, au moins, ajoute-t-il, était-elle rationnelle ; « c'était le travail forcé appliqué à des gens dont la faute consiste à ne pas vouloir travailler[1] ».

Et voilà le progrès. « Purgeons nos contrées de ces odieux Bicêtres! » s'écriait un membre de l'assemblée de Dijon, il y a un siècle; « couvrons-en le pays! » proclame un magistrat « moderne », et, si cela ne suffit pas : aux galères, les gens qui ne veulent pas travailler! Avec plus de cynisme qu'un Jean le Bon ou un Edouard VI, l'auteur ose proclamer, au seuil du xxe siècle, que, sous le couvert du vagabondage et de la mendicité, — c'est, avec la misère, l'oisiveté ou fainéantise qu'on a toujours impitoyablement poursuivie. Suivent les homélies ordinaires sur l'excellence et la nécessité du travail, et toutes les platitudes ressassées à tort

1. *Ibid.*, p. 88.

et à travers par les professionnels de la « morale publique et religieuse ».

Or, de quel droit, dans cette société, — et peut-être dans n'importe quelle société future et perfectionnée, — de quel droit pouvez-vous dire à un homme : « Bon gré, mal gré, tu travailleras ; tu gagneras ton pain à la sueur de ton front! » Bon, cela, pour le Dieu féroce des juifs qui, jaloux de ses créatures, leur tendit un piège abominable en vue de les flanquer à la porte de son « Gan Eden » et de les envoyer trimer sur la terre. En quoi, d'ailleurs, et tout à fait exceptionnellement, l'ancienne loi avait été contredite par la nouvelle, qui dit : « Considérez les lis, comme ils croissent, ils ne travaillent ni ne filent, etc. » On peut, au surplus, renvoyer les deux lois dos à dos ; elles ont tort l'une et l'autre, l'ancienne en présentant le travail comme un châtiment, conséquence immédiate du péché, — la nouvelle, en érigeant en principe la fainéantise et la mendicité, à quoi se réduit, au fond, la doctrine économique de l'Evangile[1].

1. Cf. Math. vi, 19, 21, 24-34 ; Luc x, 7,8 ; xii, 23-31, 33-34. Il n'y a pas de discussion possible. Certes, ce n'est pas avec cela que s'est construit le catholicisme : il dérive surtout du juif hellénisant Paul, et ne se serait d'ailleurs jamais constitué sans le secours des institutions romaines, dont il emprunta, en se les assimilant, la force et la stabilité. Néanmoins, les théories du juif palestinien Jésus, disciple de l'Essénisme, en somme, persistèrent au sein de la doctrine, encore que maintenues a l'arrière-plan, au point de vue pratique. L'idéal de la bienfaisance chrétienne, c'est toujours l'aumône, principe essentiellement juif et qui se résume, en somme, dans le fait d'un prêt usuraire fait au banquier suprême (Qui donne aux pauvres prête à Dieu. *Prov.* xix, 17) ; l'idéal du chrétien, c'est le moine mendiant. Il ne faut pas l'oublier : πτωχός n'est pas le pauvre, le misérable gagnant péniblement sa vie ; c'est le gueux, le mendiant proprement dit, qui vit délibérément d'aumônes. C'est cette vraie gueuserie que François d'Assise n'avait pas hésité à constituer à l'état de « syn-

C'est pourquoi il n'y a pas à tenir compte, à ce sujet, des objurgations des orthodoxes[1]. Viciées dans leur essence par les principes soi-disant religieux, forcément contradictoires, elles demeurent à l'état de lieux communs sans portée comme sans moralité.

Aux seuls philosophes, il appartient d'élever la voix en si haute matière, et nul ne l'a fait avec plus d'autorité que Carlyle. « Considérez, s'écrie-t-il, comme dans le travail l'âme de l'homme tout entière se constitue en quelque sorte, à l'état de réelle harmonie au moment même où il se met à l'ouvrage. Le doute, le désir, les remords, l'indignation, le désespoir même assiègent l'âme du pauvre travailleur à la journée comme celle de tous les hommes; mais librement, vaillamment, il s'acharne à sa tâche et tous ces chiens d'enfer s'enfuient en grondant, dans leur antre. Cet homme est maintenant « un homme » dans la force du terme. L'ardeur bénie du travail n'est-elle pas en lui comme un feu purifiant qui consume tous les miasmes? »

Ce qui veut dire, en somme, que le travail est la vraie bénédiction, non seulement la consolation unique dans les suprêmes douleurs, mais — dans le cours normal de la vie — la suprême joie et la véritable εὐθυμία.

dicat », dirait-on aujourd'hui, syndicat d'individus vivant de parti pris aux dépens de la collectivité. Moins de cinquante ans après la fondation, les résultats étaient acquis: les frères accoutumés à mendier ne faisaient plus que cela; on les voyait partout errer en désordre et vagabonder sous prétexte de quêtes, en un mot (c'est Bonaventure, général de l'ordre, qui le rapporte), ils étaient devenus de si effrontés mendiants, que le voyageur redoutait autant la rencontre d'un Franciscain que celle d'un voleur de grands chemins. (Cf. Art. « Monachism », par Littledale, in *Enc. Brit.*, T. XVI, 1883.)

1. Voyez encore Lagrésille, *Du vagabondage et de la transportation*, 1881, — Dr Karl Braun, *die Vagabonder Frage*, in Volkwissensschaftiche Zeitfrage, 1883-1884, Jahrgang V. Berlin, 1883.

Pour que cela se réalise, encore faut-il certaines conditions. Il est nécessaire, d'abord, pour l'ouvrier proprement dit, que le travail soit suffisamment rémunérateur. C'est à quoi n'ont pas songé nos pédagogues, apôtres de la morale religieuse, ou de l'impératif catégorique, encore plus vain. L'immortel auteur du *Culte des Héros* n'a garde de l'oublier. Le travail, c'est bien ! mais le salaire ?

« Cette question capitale, la plus grave de toutes, la question du travail et du salaire, qui aurait dû se poser il y a deux générations au moins, si nous avions écouté la voix du ciel, cette question ne peut plus être ajournée sans que se fasse entendre la voix de la terre. Le travail a vraiment besoin d'être « organisé », comme on dit. L'homme veut que son dû lui soit un peu mieux payé aujourd'hui par l'homme ; son dû, auquel il a droit éternellement, — que le Parlement s'en occupe ou non, — et qui ne peut lui être refusé plus longtemps, sous peine de châtiment, et, si cela dure, sous peine de mort[1]. »

Mais, non seulement le salaire est insuffisant dans un grand nombre de cas ; dans d'autres, et suivant les données économiques du moment, l'homme de bonne volonté court le risque de n'en gagner aucun. La misère alors, et la mendicité, ont leur source dans les circonstances extérieures, dans l'organisation défectueuse du travail, et non dans l'individu. « Le vagabondage, aussi bien que la mendicité, dit excellemment M. d'Haussonville, est un de ces délits dont la misère est complice et dont le nombre oscille avec le niveau de la prospérité publique. Les poursuites pour vagabondage ont aug-

1. Carlyle, Past and Present, 1843 (extrait du liv. III, chap. XI, XII et XIII, pp. 169, 174 et 180 de la *People's édition*).

menté depuis quelques années : la moyenne de la dernière période quinquennale a été de 15.000; celle de la période précédente était de 10.000. A quoi tient cette augmentation ? Tout simplement à ce que la crise industrielle et agricole a rendu plus difficile de trouver du travail. Il y a donc des vagabonds par misère, tout comme il y a des mendiants. Dans quelle proportion? cela est impossible à dire, car il faut reconnaître qu'il y a, dans le nombre, une certaine quantité de paresseux qui ont le travail en horreur. Mais les traiter tous en criminels, et ne pas faire la distinction entre ceux qui ne veulent pas et ceux qui ne peuvent pas travailler, est d'une extraordinaire dureté[1]. »

« Qu'on lise les ouvrages si intéressants publiés, notamment en Allemagne, reprend M. le substitut Drioux, par des hommes de science et de cœur, dont quelques-uns ont vécu sur les grandes routes, sur le trimard, sur la vie du vagabond. Qu'on jette un coup d'œil sur les statistiques des bureaux et offices de placement; en France, en 1891, il y a eu 2.841.000 places demandées aux bureaux de placement autorisés, aux syndicats, sociétés de bienfaisance, bureaux municipaux, etc.; il en a été procuré 626.900 sous la rubrique de placements à demeure, et 495.700 sous celles de placements à la journée ou extras, en tout 1.122.600, pas la moitié! Chiffres et observations prises sur le vif, tout cela témoigne que maint ouvrier manque de travail, qu'il le cherche, mais que sa nature honnête doit lutter incessamment contre la tentation de se procurer par la mendicité l'argent qu'il ne peut gagner par ses bras[2]. »

Comment oserez-vous, en présence de pareils faits,

1. D'Haussonville, *Le vagabondage et la mendicité*, in *Revue des Deux Mondes*, du 15 décembre 1887, t. LXXXIV, p. 813.

2. J. Drioux, *Rapport au Ve Congrès pénitentiaire international*,

exposés par des écrivains d'un esprit éclairé, mais, assurément à tendances non subversives, comment oserez-vous, dis-je, prendre un homme au collet et lui crier : « Au nom de la loi! tu vas travailler; sinon, en prison. » Ces choses-là pouvaient se faire au temps de Louis XIV, elles ne sont plus de mise aujourd'hui.

Je sais bien que l'oisiveté est mauvaise, et nul encore ne l'a mieux stigmatisée que Carlyle : « Qui es-tu, toi qui te fais gloire d'une vie paresseuse, étalant complaisamment les dorures de tes équipages et tes somptueux coussins? Regardez en haut, en bas, en arrière, partout enfin : avez-vous jamais vu un héros, un saint, un dieu — un diable même — qui fût oisif?... Une monstruosité, dans le monde, c'est le fainéant[1]. »

Oui! mais le fainéant marqué ainsi, ce n'est pas le misérable, le vagabond; c'est le riche, — le riche oisif, s'entend. Comparez le précieux chapitre 34 du chef-d'œuvre de Beccaria, intitulé « De l'oisiveté », et commençant ainsi : « Les gouvernements sages ne souffrent point, au sein du travail et de l'industrie, une sorte d'oisiveté qui est contraire au but politique de l'état social : je veux parler de ces gens oisifs et inutiles qui ne rendent à la société ni travail ni richesses, qui accumulent toujours sans jamais perdre, que le vulgaire respecte avec une admiration stupide, et qui sont, aux yeux du sage, un objet de mépris[2]. » M. Faustin Hélie, dans son commentaire, fait cette déclaration étonnante : « Ces lignes ne doivent s'appliquer qu'à cette classe d'oi-

1re et 3e sections, 6e et 4e questions. Travaux de la 1re section, p. 180.

1. Carlyle, *loc. cit.*, p. 174.

2. Beccaria, *Des Délits et des Peines*, § 34. Nouvelle édition, avec introduction et commentaire, par M. Faustin Hélie, p. 173, Paris. 1856.

sifs, qui, dénués de toute ressource, et n'exerçant aucun métier, ont été qualifiés, par notre loi pénale, de vagabonds et mendiants de profession[1]. » Quoi! des « gens qui accumulent toujours sans jamais perdre, et que le vulgaire respecte avec une admiration stupide! » Voilà de singuliers mendiants et de bien remarquables vagabonds!

Non! ceux que l'auteur des *Délits et des Peines* a voulu stigmatiser, ce sont bien les riches oisifs, inutile fardeau sur la terre, *frustrà terræ onus*, qui, eux aussi, vivent sur la société sans lui rien donner en retour. En vain objecterait-on qu'ils consomment les capitaux accumulés par leur famille. « La richesse est sociale dans sa source, » dit le chef actuel du Positivisme, le distingué Pierre Laffite. Ce n'est pas le moment de développer la théorie[2]; je me bornerai à rappeler qu'en toute production, la part d'un individu ou d'une famille est toujours bien restreinte : d'une façon générale, nous vivons par les contemporains et par les prédécesseurs. J'entends bien que la situation de l'oisif pauvre diffère, à première vue, de celle du riche fainéant, en ce que celui-ci ne fait pas un appel direct à votre bourse.

Mais d'abord, ce n'est qu'une apparence; puis, je prétends que du moment où certains oisifs restent impunis, vous n'avez pas le droit de châtier les autres. « Dans toute cité, dit l'auteur d'une remarquable thèse inaugurale sur l'édit de Valentinien, il est permis à tout citoyen de vivre à sa guise, pourvu qu'il ne lèse ni le droit public ni le droit privé, et celui qui ne commet aucune infraction à cet égard ne peut se voir imposer le travail au nom de la loi; *aliter enim non tantum ad id*

1. *Ibid.*, p. 174.
2. On la trouvera exposée dans mon livre *de l'Etat*, p. 210, sq. Paris, 1885.

cogendi forent mendicantes, verum etiam quivis alius nihil agens et otiosus, cotera vero hand malus civis[1]. »

Voilà une vérité qui crève les yeux et que consacre encore la parole autorisée du jurisconsulte Faustin Hélie : « Le travail, quoiqu'il soit la destinée de l'existence humaine, ne peut être imposé par la contrainte... l'oisiveté peut être un vice; elle n'est pas un délit; elle peut être sévèrement blâmée, elle ne peut être punie[2]. »

Ce qu'il fallait démontrer.

Dira-t-on que si l'oisiveté ne peut être punie comme telle, elle doit l'être cependant, comme devenant ou pouvant devenir, à tous moments, l'occasion de faits délictueux ou criminels? « Que ces deux états (le vagabondage et la mendicité) ne soient pas en eux-mêmes des délits, dit M. Garraud, qu'ils ne portent pas directement atteinte aux droits ou à la liberté d'autrui, c'est un point qui ne peut faire doute. Mais ils constituent des états dangereux pour la société, des manières d'être et de vivre menaçantes pour l'ordre public. La législation répressive a donc le droit et le devoir de se préoccuper du vagabondage et de la mendicité comme moyens occasionnels de commettre des délits[3] ». Ce texte, emprunté à un auteur distingué, n'est qu'une variation sur le thème connu : « Le vagabondage et la mendicité sont l'école du crime. »

D'abord, quand bien même ce serait exact, je dis qu'on n'aurait pas le droit de punir des gens par le seul fait que leur situation ou leur « état d'âme » les prédispose au crime; pas plus qu'on aurait celui d'emprisonner des individus étalant tous les stigmates de l'an-

1. Van Lennep, *Disputatio juridica ad Valentiniani constitutionem de mendicantibus validis*, p. 95. Lugduni Batavorum, 1824.
2. *Ibid.*, p. 174.
3. Garraud. *Traité du Droit penal*, t. IV, p. 90. Paris, 1891.

thropologie la plus criminelle et ayant toutes les chances possibles pour devenir des assassins.

Ensuite, le prétendu aphorisme cité plus haut n'est que le sophisme de l'erreur sur la cause. Sans doute, il y a des criminels, voleurs ou assassins, des *dégénérés*, qui sont en même temps des fainéants, des vagabonds : cela n'a rien de bien stupéfiant. Quand un de ces gens-là commet son premier crime, on ne manque pas de le mettre sur le compte de la fainéantise. C'est une fausse interprétation. Parce qu'on est un « oisif », on n'a pas forcément en soi l'étoffe d'un criminel. Même, M. Homberg s'étonne de ne pas voir un plus grand nombre de vagabonds devenir voleurs ou assassins[1]. C'est un fait incontestable, et non contesté par les hommes compétents, que l'immense majorité des vagabonds et des mendiants se bornent à récidiver « dans leur partie », sans grossir notablement les chiffres de la statistique criminelle proprement dite.

Le vagabondage, qui n'est que la fainéantise constatée, doit donc être rayé du nombre des délits[2].

1. *Loc. cit.*, p. 27-31.

2. La commission chargée de la réforme du Code pénal ne voudra certainement pas laisser subsister, d'ailleurs, la ridicule définition donnée par l'article 270 : « *Les vagabonds ou gens sans aveu* sont ceux qui n'ont ni domicile certain ni moyens de subsister et qui n'exercent habituellement ni métier ni profession. » Qu'est-ce que cette expression de « gens sans aveu » qui, bien à tort, éveille dans l'esprit d'un grand nombre, les idées les plus terrifiantes ? « *advoyacio* et *advocatio*, adveu ; *Vassallorum professio*, lit-on dans du Cange, ce que Littré traduit très bien (*sub voce*, aveu) ; « terme de féodalité, acte établissant une vassalité », de sorte qu'à proprement parler, les gens sans aveu sont des individus qui ne sont les vassaux de personne. Autrefois, c'était très grave ; ça l'est encore aujourd'hui par la faute du Code, qui perpétue, sans rime ni raison, un des abus les plus choquants de la féodalité disparue. On me dira qu'actuellement le suzerain est remplacé par le bourgeois, par l'homme solvable pouvant se porter

V

Mais, en dehors des conditions économiques, — et c'est un point sur lequel on n'a guère insisté jusqu'ici, — il restera toujours un *caput mortuum*, un résidu de fainéants-nés, qui ne voudront jamais travailler. Qui de nous n'a connu sur les bancs du collège de tels êtres indécrottables, cuirassés contre toute espèce de punitions, *pemsums*, retenue, cachot, etc.? Ces fils de bourgeois deviennent, dans le monde, ce qu'on appelle des « propre à rien »; les fils de malheureux, avec la même tare, des vagabonds et des mendiants. Ceux-ci ont également l'horreur du travail (*Arbeitscheu*), contents de traîner de Calais à Marseille, et *vice versa*, leurs guenilles et leurs pieds ensanglantés; véritables Juifs errants, éternels comme leur patron, ayant presque toujours, comme lui, cinq sous dans leur poche, mais rarement plus. Les demoiselles de campagne et les fermiers qui les rencontrent les dénoncent à tous les juges et à tous les gendarmes. Ceux-ci font le plus souvent la sourde oreille, sachant bien que ces pauvres loqueteux sont plus effrayants que méchants; bien supérieurs en cela, juges et gendarmes, à ces populations affolées qui voudraient voir supprimer toutes ces mines patibulaires, simplement parce qu'elles en ont peur[1].

Le problème se rattache ainsi à celui de la criminalité

caution. Mais ce n'en est pas moins un déplorable jeu de mots, certainement déplacé dans la loi. C'est, de plus, une chimère, les *outlaws* d'aujourd'hui ayant fort peu de chance de rencontrer le citoyen solvable décidé à les prendre sous sa protection.

1. Le cas de Vacher n'a rien à voir ici. Ce n'est pas celui d'un vagabond, d'un chemineau, mais bien d'un meurtrier-né, d'un fou moral, qui parcourt la campagne pour violer et assassiner.

— encore que les faits soient d'ordre beaucoup moins grave — et, d'une façon plus générale, à l'histoire de la dégénérescence.

J'ignore s'il existe un type physique d'assassin, de voleur ou de fainéant. Mais je sais qu'il en existe un type moral, tous ces gens-là, dégénérés héréditaires pour la plupart, étant nécessités par leur nature à l'homicide, au vol, à l'oisiveté. Le moral étant, d'ailleurs, le produit du physique, et, dans le fait, du cerveau, ce type est aussi réel, aussi positif que possible : pas n'est besoin, pour en constater l'existence, qu'il soit accompagné de stigmates extérieurs concomitants. Ç'a été le tort de Lombroso de vouloir généraliser des faits qui peuvent n'être qu'exceptionnels : le fond de la doctrine — qui d'ailleurs ne lui appartient pas — n'en est nullement ébranlé.

Les individus anormaux, *atypiques*, non faits pour l'état de société, — qui est l'état naturel de l'homme, — se divisent en trois catégories : ceux qui tuent, ceux qui volent, ceux qui sans tuer ni voler veulent vivre sans rien faire — les meurtriers, les voleurs et les oisifs (mendiants et vagabonds). C'est à cette dernière catégore, aux *oisifs-nés*, que nous avons affaire.

Je dis « les oisifs-nés » et je m'explique. Non ! il n'est pas vrai que les fainéants, pas plus que les criminels de nature, se puissent former uniquement par l'influence des milieux, par celle de la débauche, de la misère, comme le prétend M. Prins[1]. Il n'est pas vrai, surtout, que la théorie de l'hérédité soit ébranlée : c'est là une simple prétention d'ignorants de partis pris qui, ayant toujours combattu cette doctrine, contraire à leurs

1. *Causeries sur les doctrines nouvelles du droit pénal.* Bruxelles, 1896.

conceptions métaphysiques ou religieuses, prennent tout simplement leurs désirs pour des réalités. Ces gens-là, si on les laissait faire, nous ramèneraient à plus d'un siècle en arrière, au temps où un penseur comme Herder se battait les flancs pour établir une philosophie de l'histoire basée sur la configuration du sol et les caprices de la géographie. L'hérédité est bien la grande loi de la nature, déterminant la philosophie de l'histoire par l'évolution nécessaire des races, comme elle domine la biologie tout entière par son action sur les individus[1].

Cela ne veut pas dire que les milieux n'exercent aucune influence; mais combien restreinte et accessoire! L'auteur américain d'un très substantiel travail sur le crime et le paupérisme, fait remarquer, avec beaucoup de raison, que l'hérédité tend précisément à produire un milieu qui ne fait que l'accentuer. Mais lui aussi le proclame : « Quand il y a modification organique positive, comme dans l'idiotie et la folie, ou affaiblissement prononcé de l'organisme, comme cela se produit dans plusieurs états morbides, l'hérédité est le facteur prépondérant dans la détermination du genre d'existence[2] ». Conclusion d'autant plus importante qu'elle résulte de la très curieuse observation d'une famille de misérables, criminels, vagabonds et autres, suivie pendant une longue suite d'années. Qu'en effet, la misère prolongée durant des générations successives puisse, par l'hérédité, produire des êtres veules, des faibles d'esprit voués par cela même à la fainéantise et

1. Voy. pour plus de détail le chap. Ier de mes *Aryens et Sémites*. Paris, Dentu, 1890.

2. R. L. Dugdale, member of the executive committee of the prison association, N.-Y. *The jukes* a study in crime, pauperism, disease and heredity, 5e éd. p. 65, 1 vol. in-18, 221 p., New-York and London, Putman, 1895.

à la mendicité, voilà qui n'est pas contesté, et ne l'a jamais été par personne.

C'est dans le même sens qu'on peut admettre, à ce point de vue, l'influence de l'alcoolisme, c'est-à-dire lorsqu'il y a dégénérescence par le fait de l'hérédité. On a fait trop de bruit dans ces derniers temps autour de cette question démesurément grossie, pour que je puisse la passer sous silence.

On se trompe d'abord, quand on s'efforce de représenter l'alcoolisme comme un mal moderne. Sans remonter au déluge, — ce qui serait pourtant bien le cas, vu celui de Noé, — je rappellerai que sous l'ancienne monarchie, des mesures avaient été prises contre l'ivrognerie. Trois siècles avant « l'Alliance du Royaume-Uni », et comme pour donner un avant-goût des élucubrations des trois mille clergymen puritains qui formulèrent le *Permissive Bill*[1], François Ier légiférait ainsi dans un édit de 1536 contre les ivrognes : « Et pour obvier aux oisivetés, blasphèmes, homicides et autres inconvénients et dommages qui arrivent à l'ébriété, est ordonné que quiconque sera trouvé ivre, soit incontinent constitué et retenu prisonnier au pain et à l'eau pour la première fois ; et si secondement il est repris, sera, outre ce que devant, battu des verges ou fouets par la prison ; et la troisième fois fustigé publiquement ; et s'il est incorrigible, sera puni d'amputation d'oreille, d'infamie et de bannissement de sa personne. »

Cette aimable législation n'avait pas non plus, semble-t-il, produit d'heureux résultats. Car voici ce que nous lisons dans l'intéressante publication d'un certain « Barthélemy de Laffemas, valet de chambre du Roy

1. En 1857. Voy. A. Regnard. *Histoire contemporaine de l'Angleterre*, p. 151.

(Henri IV), natif de Beausemblant, en Dauphiné, qui représente sur ce, l'abbus des tavernes et cabarets ». Il vaut la peine de citer le passage :

« Puisque l'on est sur le propos de faire bien aux pauvres, il est nécessaire de monstrer et empescher l'yurognerie en toutes vacations generallement; attendu que les hommes de basse qualité sont subiects à yurogner les dimanches et autres festes ce qu'ils ont gaigné la sepmaine : de sorte qu'au lieu de seruir à Dieu et en faire vivre leurs enfans ils mangent le tout aux cabarets, ieux et tauernes : ce qui fait aller gueuser et mandier leurs dicts enfans. Il y a des païs estranges qui de tout temps souffrent l'yurognerie et en font gloire : et autres qui sont plus sages et aduisez, empeschent telles fautes, et diray icy seulement la punition des yurognes d'aucuns des dicts païs policez. Celuy qui est surpris (soit homme ou femme) d'avoir trop bu de vin et en estre troublé, il est pris à l'heure mesme, et est mis sur un cheval de bois lié par les bras et ianbes, avec un carquan au col semblable à ceux de piloris, en la présence du peuple et là y demeure vingt-quatre heures : et est escript et enregistré en un liure, ou iamais apres il ne peult estre employé en aucune charge publique ny seruir en tesmoignage[1]. »

Les clergymen de l'alliance, on le voit, n'ont rien inventé en représentant l'ivrognerie comme la source de tous les crimes : une absurdité d'autant plus dangereuse qu'elle amène le public et le législateur à tomber dans le plus funeste des sophismes, celui de l'erreur sur

1. *Le quatriesme advertissement de commerce faict sur le debvoir de l'aumosne des pouvres, desdié aux riches et amateurs du bien public, faict par* Barthelemy de Laffemas, etc., Paris, 1600 (à la Bibliothèque nationale sous la cote R 2493) cf. Granier, *loc. cit.*, p. 317.

la cause. D'abord et pour ce qui concerne l'époque actuelle, la vérité est que, si l'alcoolisme augmente à Paris et dans deux ou trois départements humides — et cela, dans une proportion que, pour le bon motif, on a singulièrement exagérée — il demeure stationnaire sur presque tout le reste du territoire. Et il en sera de même aussi longtemps que le climat de la France persistera à se rapprocher de celui de l'Italie, et à n'avoir rien de commun avec le brouillard glacial de l'Angleterre[1].

Il faut, enfin, se bien pénétrer de cette autre vérité non moins essentielle, à savoir : que l'alcoolisme sévit surtout sur les prédisposés, sur les dégénérés qui, dans l'immense majorité des cas, *ne deviennent pas tels parce qu'ils boivent, mais qui boivent parce qu'ils sont dégénérés*. De même, quand ces gens-là commettent un meurtre, ce n'est pas parce qu'ils sont alcooliques, mais c'est parce que chez eux, il y a en outre et surtout la prédisposition au crime. Si tous les individus qui boivent ou se soûlent occasionnellement et se prennent de que-

1. Ce grand pays peut encore être cité aux *Teetotallers* qui vous servent à tout propos la « tarte à la crème » de la dépopulation. Certains publicistes américains ont voulu nous faire croire que l'ivrognerie ne datait chez eux que de la guerre de l'Indépendance ! Et il s'est trouvé des badauds pour nous conter de pareilles bourdes à propos de l'Angleterre. Comme si elle datait d'hier, la réponse de Shakespeare au puritanisme : « *Dost thou think, because thou art virtuous, there shall be no more cakes and ale* ? » (*Twelth night*, act. II, sc. 3). Or, à cette époque-là, l'Angleterre ne, comptait guère plus de cinq millions d'habitants; voyez ce qu'elle est devenue, tout en buvant sec.

Qu'en conclure ? une fois de plus, que la race, quand elle est forte, demeure inattaquable, indifférentes aux vicissitudes du climat et aux circonstances accessoires qu'il peut créer. L'alcoolisme ne frappe que le déchet de la population, les individus dégénérés dont il amène peu à peu la disparition; il faut les plaindre et les secourir, mais ne pas croire que tout est perdu parce qu'on a vu rouler dans la rue deux ou trois ivrognes.

relle, exterminaient leurs adversaires, ce serait un massacre auprès duquel celui des Arméniens par les Turcs paraîtrait comme une idylle. A moins de très rares et extraordinaires exceptions, l'homme qui tue, étant ivre, ne fait que manifester, plus à l'aise, le caractère qui lui est propre. C'est pourquoi je suis de ceux qui pensent que l'ivresse ne saurait, en règle générale, être considérée comme une excuse[1].

Le même raisonnement s'applique au vagabondage et à la mendicité, aux fainéants par nature, et qui ne sauraient devenir tels par l'alcoolisme. C'est précisément parce qu'il s'agit d'une tare héréditaire, c'est parce qu'ils n'ont pas la « grâce », non plus, que rien jusqu'ici n'a pu prévaloir contre eux, pas plus que contre les voleurs et les assassins[2].

Il n'y a pas de Nouvelle Atlantide, pas d'Iles fortunées pas d'Icarie où l'on ne doive trouver des vagabonds et des mendiants, et l'on ne voit pas le moyen d'en débarrasser la terre. Il y a bien eu, dans le temps, les Croisades, dont ce fut peut-être le résultat le plus réel.

1. On a également incriminé la dépopulation des campagnes, l'émigration des paysans vers les villes étant considérée comme une des causes de l'augmentation du vagabondage et comme un effet, au moins en partie, de l'alcoolisme! Je regrette de le dire, mais cela tourne à l'imbécillité. Il est très vrai, malheureusement, qu'en France, la population urbaine qui constituait, en 1851, le quart seulement de la population urbaine, en formait le tiers en 1881. Mais les choses iront ainsi, tant que vous n'aurez pas modifié les conditions économiques et que l'ouvrier trouvera dans les grands centres, *toutes proportions gardées*, un salaire plus élevé que dans les campagnes. (Voyez pour la démonstration, *De l'Etat*, p. 199, sq. et 224).

2. Je n'insiste pas sur les individus atteints d'affections nerveuses caractérisées et qui forment une part du contingent des trimardeurs. Voyez, entre autres, la communication du professeur Pitres au Congrès des aliénistes de 1895. (in *Annales médico-psychologiques*, septembre 1895).

Pouvoir traîner ses guêtres de Paris à Jerusalem, même sans espoir de retour, pensez-donc! quelle aubaine pour tout ce monde-là. Aussi chevaliers et écoliers errants, *vagi scholares*, loqueteux, brigands, Gauthiers sans avoir et autres mendiants se lancèrent-ils, comme des troupeaux de bêtes, sur la longue route qui pour eux était la terre promise. Ils ne trouvèrent que le tombeau, — non pas celui qu'on leur criait d'aller délivrer, — mais le leur. Et ainsi fut l'Europe occidentale débarrassée de « la partie la plus impure de la population[1] ». Seulement, comme système d'extinction de la mendicité cela laisse encore à désirer!

VI

J'entends bien, d'un autre côté, que la société ne peut rester à la merci de ces gens-là. Mais tous les moyens de répression ayant échoué, depuis le fouet jusqu'à la potence, il semble bien nécessaire de changer le système, étant reconnu d'ailleurs qu'il était basé sur l'injustice et, partant, sur l'immoralité.

Et d'abord, il importe de ne pas violer plus longtemps l'axiome : « *Pœna est commensuranda delicto*[2] », le principe essentiel de la proportionnalité entre les peines et les délits. « C'est un grand mal, parmi nous, dit Montesquieu, de faire subir la même peine à celui qui vole sur un grand chemin et à celui qui vole et assassine[3]. »

C'est précisément ce qui arrive ici. Quoi! le vol non

1. C. Peyré, *Histoire de la première Croisade*, t. I, p. 122. Paris, 1859.

2. Nov. cv. — Cf. Beccaria, *loc. cit.*, p. 23. — Bentham, *Théorie des peines*, ch. I.

3. Montesquieu, *Esprit des Lois*, liv. VI, ch. XVI.

qualifié peut n'entraîner que quelques mois de prison, et le seul fait de mendier peut amener, outre l'emprisonnement légal, un emprisonnement administratif indéterminé! car c'est là le sens de l'article 274 du Code pénal. Des règlements peuvent bien limiter cette détention; mais cet adoucissement, aussi arbitraire que l'aggravation, n'est nullement obligé. Les arrêtés préfectoraux, en vertu desquels les mendiants sont envoyés dans ces maisons de force, appelées « dépôt de mendicité », portent qu'ils y seront retenus « jusqu'à nouvel ordre ». Or, c'est un fait indéniable que ce nouvel ordre vient parfois au bout de cinq, six ans et plus.

C'est pourquoi M. Charles Dupuy, dans son intéressant rapport sur la question, proposait de modifier, en l'atténuant singulièrement, l'article 274 du Code pénal. Les mendiants, d'après son projet de résolution, n'auraient plus été retenus dans les dépôts au delà d'un an[1]. Cela ne satisfit cependant pas M. Félix Voisin, conseiller à la Cour de cassation, qui apprécie ainsi ce projet dans un rapport au Conseil supérieur des prisons : « Le renvoi du mendiant libéré, à l'expiration de sa peine, dans un dépôt ou une maison de travail, ne se conçoit plus guère et pourtant, c'est ce que prévoit encore en cas de récidive le projet de résolution qui vous est soumis; il y a là le prolongement, dans des conditions illogiques, de la peine prononcée par le juge. C'est, dans tous les cas, un prolongement arbitraire, avec des délais abandonnés à l'appréciation de l'administration. Tout cela n'est plus d'accord, me semble-t-il, avec nos idées modernes, qui tendent à l'unité de la répression et qui

1. *Rapport et projet de résolution présentés au Conseil supérieur de l'Assistance publique*, 1889. (Actes du Conseil supérieur de l'Assistance publique, fascicule n° 19.)

repoussent à juste titre tout arbitraire administratif[1]. »

Voilà le jalon indicateur, la voie ouverte : il faut y entrer et aller jusqu'au bout. Je crois avoir démontré plus haut que le vagabondage n'était pas un délit : que dire de la mendicité, sinon que plus dépendante encore de la misère, elle ne peut non plus être considérée en elle-même comme un fait délictueux. Comment! vous feriez empoigner ces misérables, ces pauvres vieilles qu'on voit le dimanche, en province, se traîner de porte en porte, par petites bandes, pour récolter quelques sous? Mais la conscience publique se révolterait, et comme au temps du grand roi, on verrait le peuple tomber sur les modernes archers, appelés gendarmes, qui oseraient appréhender ces pauvres diables.

D'autre part, vous êtes abordé sur la voie publique par un mendiant; vous ne lui donnez rien; c'est votre affaire. Mais il n'y a qu'une brute pour crier à la garde et livrer l'homme à la police[2].

Pourtant, objectera-t-on, cet homme me moleste, me menace même. Ce sont des misérables qui mentent, dit un autre, et parfois simulent des plaies pour vous extorquer de l'argent. D'accord! Mais n'avez-vous pas les articles 276 et suivants du Code pénal, qui punissent ces délits de six mois à deux ans d'emprisonnement? — On ne les applique pas! me crie-t-on.

1. Méditez ces sages paroles, et vous serez en mesure d'apprécier la valeur de la récente législation belge sur la matière. La loi du 27 novembre 1891, qui permet à un juge de paix d'enfermer pour *deux à sept ans* de simples mendiants et vagabonds, encore que récidivistes, n'est qu'un monstrueux et cynique attentat contre la liberté individuelle, le salut du peuple n'étant ici nullement en péril. (Cf. le travail très complet de M. le substitut Drioux : *Etude sur la répression du vagabondage et de la mendicité en Belgique*, p. 29, et *passim*. Paris, 1894.)

2. Voyez l'intéressant volume de M. Paulian, *Paris qui mendie*. Paris, 1893.

En effet, et cela ne fait que renforcer mon argumentation[1]. On se refuse souvent à les appliquer, par la même raison qu'on n'observait pas le statut d'Édouard VI: cela passe les bornes. Donnez-vous la peine de lire l'article 279 (loi du 13 mai 1863) : — « Tout mendiant ou vagabond qui aura exercé ou *tenté d'exercer quelque acte de violence que ce soit* envers les personnes, sera puni d'un *emprisonnement* de *deux à cinq ans*, sans préjudice de peines plus fortes, s'il y a lieu, à raison du genre et des circonstances de la violence. Si ce mendiant ou le vagabond qui a exercé ou tenté d'exercer la violence se trouvait, en outre, dans l'une des circonstances exprimées par l'article 277 (c'est-à-dire s'il est travesti ou *porteur d'armes, bien qu'il n'en ait ni usé ni menacé*), il sera puni de la *réclusion*. »

A côté de cela, qu'une femme en *vitriole* une autre, la défigure, en fasse un éternel objet d'horreur, — si elle ne lui a pas crevé les yeux, elle en sera quitte pour quelques mois de prison. De même, un voleur *établi*, « ayant de quoi », pourra s'en tirer aussi facilement, bien que vous ayant râflé une partie de votre récolte[2].

Il est consolant de penser, en face de pareilles aberrations « pénales », que notre Code est enfin remis sur le chantier; c'est donc un droit, et presque un devoir, d'attirer sur ces anomalies l'attention de la commission chargée de le réformer

Quant à la suppression des délits de vagabondage et de mendicité, cela ne peut choquer que les personnes peu au courant de ces questions. Il n'y a même là rien

1. Cf. Drouineau, *Les enquêtes sur le vagabondage*, in *Revue Philanthropique*; juillet 1897.

2. Art. 388... Quiconque aura volé ou tenté de voler dans les champs, etc.

de nouveau. Dans les Pays-Bas, en Roumanie, la mendicité simple n'est pas un fait punissable[1]. Dans le grand-duché de Luxembourg[2], le vagabondage et la mendicité simples sont rangés seulement parmi les contraventions.

La première chose à faire, c'est de diminuer le nombre des délinquants en organisant des secours réels et efficaces. J'ai dit ailleurs quelles étaient les mesures d'ordre général à prendre pour atténuer dans la mesure du possible — et en attendant mieux — les effets de la misère sociale, soit : la suppression des impôts indirects, les assurances ouvrières obligatoires, etc., etc.[3].

Il faut, en outre, au point de vue particulier qui nous occupe, que l'État, seul capable d'intervenir efficacement, organise des secours, installe des maisons nationales où tout homme de bonne volonté, même faible d'esprit et manquant d'initiative et d'ouvrage, puisse trouver de quoi vivre en travaillant[4].

Quant aux mendiants ou vagabonds simples, je pense avec Beccaria que vous n'avez aucun droit sur eux, aussi longtemps qu'ils ne troublent pas positivement l'ordre social. Alors, mais alors seulement, quand il y a escroquerie, chantage, violation de domicile, etc., le législateur intervient, cela va sans dire, ces délits ayant leur place dans le code en dehors des paragraphes spéciaux consacrés au vagabondage et à la mendicité. Mais, pour que cette intervention soit efficace, les peines doivent

1. Voyez, pour plus de détails, le rapport si complet de M. L. Rivière in *Comptes rendus du 5e Congrès pénitentiaire international*, 1re section, 6e question, p. 122, 134. Paris, 1895.

2. *Ibid.*, p. 134.

3. Voy. *l'État*, *loc. cit.*, p. 232, sq.

4. Les ateliers de charité institués jadis par le grand Turgot (1775) pourraient encore, à certains égards, servir de modèle. Voyez l'excellent travail déjà cité de M. Gaufrès (*loc. cit.* p. 455).

être proportionnelles aux délits, graduées, s'aggravant d'une façon méthodique au fur et à mesure des récidives. Je crois, avec M. Félix Voisin, que l'emprisonnement — seul applicable dans l'espèce — doit être rigoureusement cellulaire, ce mode d'incarcération étant le plus effrayant pour le délinquant. Quant aux terribles effets du système, c'est là une légende à reléguer au magasin des antiques; si les prisonniers de Mazas se suicident souvent, cela provient de la même cause prochaine qui les a fait emprisonner; c'est parce qu'ils sont des délinquants, en d'autres termes, des dégénérés, et pour tout dire, des infirmes de la pensée[1].

1. Condamnés justement quand même, en cas de crime avéré, la loi pénale étant faite, non au point de vue du délinquant et des causes qui le déterminent, mais pour la sauvegarde de la collectivité. Chacun est responsable des dommages causés par son fait, dit très bien le Code, qui a le tort de se lancer ensuite dans une vaine métaphysique en ajoutant « hors l'état de démence »; car lorsqu'un meurtrier bénéficie d'une ordonnance de non-lieu sous ce dernier prétexte, il n'en est pas moins enfermé, et avec pleine justice, dans un asile d'aliénés qui lui sert de dure et perpétuelle prison.

CONCLUSIONS[1]

Des faits exposés dans la précédente étude, ainsi que des prémisses développées au cours des raisonnements sur la matière, je crois pouvoir tirer les conclusions suivantes :

1° Le vagabondage et la mendicité sont, ou des conséquences de la misère ou des formes de l'oisiveté, de la fainéantise invétérée.

2° Qu'ils tiennent aux défectuosités de l'ordre social ou à celles de certaines organisations individuelles, ces deux états ne sauraient être considérés comme des délits.

3° La dure expérience des siècles judéo-chrétiens a démontré l'impuissance de tous les châtiments — depuis le fouet jusqu'à la mort — injustement employés contre eux.

4° Il importe de supprimer au plus vite toutes ces maisons soi-disant de travail, dépôts de mendicité et autres, où l'assistance est un leurre et le travail un châtiment.

5° C'est le devoir de l'État — seul capable de mener à bout l'entreprise — d'ouvrir un nombre suffisant, d'ateliers où les « sans-travail » pourront trouver de l'ouvrage dans les conditions du salaire normal, et sans être astreints à un internement qui devient, par la force des choses, un emprisonnement.

1. Ces conclusions ont paru dans le premier numéro de la *Revue philanthropique*. (Paris, Masson, 1er mai 1897.)

Les voyageurs indigents valides seront hébergés vingt-quatre heures, au moins, dans une salle attenant à l'hospice, le cas échéant, ou dans un local affecté à cet usage par la commune.

6° Dans le livre III, tit. Ier, ch. III, sect. V, du Code pénal, on supprimera les paragraphes 2 et 3, relatifs au vagabondage et à la mendicité.

7° Les deux articles suivants seront insérés dans les sections du Code auxquelles ils se rapportent :

Art. A. — Tout individu qui, sous prétexte d'indigence, aura molesté ou menacé un passant sur la voie publique, ou sera entré, sans permission, dans une habitation ou dans un lieu en dépendant ;

Tout individu qui feindra des plaies ou des infirmités, ou emploiera d'autres moyens frauduleux pour exciter la compassion et obtenir de l'argent, sera puni d'un emprisonnement de quinze jours à trois mois à la première infraction ;

L'emprisonnement sera de trois mois à six mois, à la seconde ;

De six mois à un an à la troisième ;

De un an à deux ans à la quatrième ;

De deux ans à la cinquième et à toutes les récidives ultérieures.

Art. B. — Tout individu qui, dans les circonstances précédemment énoncées, non content de menacer les personnes, se sera porté sur elles à des actes de violence :

Sera puni d'un emprisonnement de six mois à un an à la première infraction ;

L'emprisonnement sera de un ou deux ans à la seconde ;

De deux à trois ans à la troisième ;

De trois à quatre ans à la quatrième ;

De cinq ans à la cinquième et à toutes les récidives ultérieures.

Cela sans préjudice de peines plus fortes à raison du genre de la violence.

8° L'emprisonnement sera strictement cellulaire toutes les fois que la durée de la peine ne dépassera pas deux ans ; il le sera également pendant les deux premières années des peines d'une durée plus longue.

Les détenus ne recevront d'autre visite que celle des fonctionnaires et employés de l'administration pénitentiaire. Les membres des sociétés de patronage, ainsi que les aumôniers, rabbins, pasteurs, etc., pourront être autorisés à les visiter: mais le détenu, auquel on impose cette peine rigoureuse de la cellule, aura toujours le droit de se refuser à entrer en communication avec des personnes non revêtues d'un caractère officiel.

Les ministres des confessions religieuses quelconques ne peuvent être considérés comme des fonctionnaires ou employés de l'administration pénitentiaire.

9° L'État conserve naturellement le droit de surveiller les mendiants et vagabonds, comme les autres membres de la collectivité, mais sans que la police puisse les inquiéter en dehors des faits délictueux proprement dits.

TABLE ANALYTIQUE

I

II

III

IV

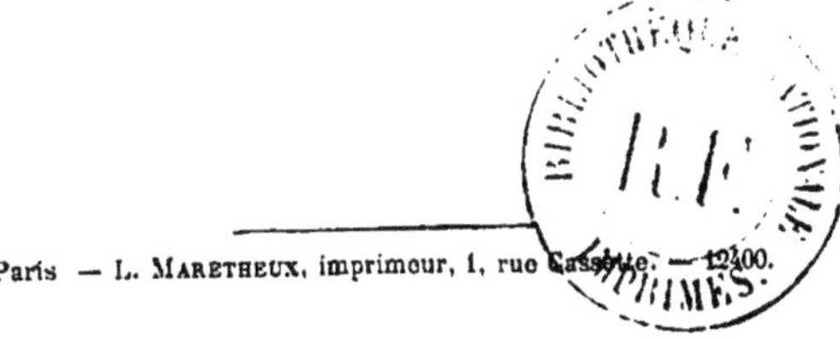

Paris — L. MARETHEUX, imprimeur, 1, rue Cassette. — 12400.

www.ingramcontent.com/pod-product-compliance
Ingram Content Group UK Ltd.
Pitfield, Milton Keynes, MK11 3LW, UK
UKHW021007220726
13924UKWH00002B/917

9 782019 681524